O Mistério da Mandala

ISIS

Dados de Catalogação da Publicação

Baghera, Rashe

O Mistério da Mandala/Rashe Baghera | 1ª edição | São Paulo, SP | Editora Isis, 2015.

ISBN: 978-85-8189-068-5

1. Mandalas 2. Esoterismo I. Título.

EDITORA ISIS LTDA
www.editoraisis.com.br
contato@editoraisis.com.br

EDITORA AFILIADA

Introdução ao Significado da Mandala

A palavra Mandala, procede do Sânscrito e significa círculo sagrado ou mágico. Em todas as culturas encontramos a mandala em varias formas e variantes: como a planta de um templo ou lugar sagrado, na dança sagrada e na representação dos mistérios, como um círculo mágico pintado na areia como imagem meditativa muito diferenciada ou também na arquitetura eclesiástica na pintura miniaturista.

Três princípios ordenadores dispõe a estrutura de uma mandala: o ponto central, a irradiação desde o centro e a delimitação externa do círculo. O ponto central é o misterioso núcleo espiritual energético, o âmbito em que nasce toda a existência em espaço e tempo.

A emanação, e a irradiação procedente do centro tendem para fora até o contorno limítrofe, a circunferência, entrelaçando o interno com o externo, por último, desde a periferia retornando ao núcleo mais íntimo. Toda a mandala está concentrada no núcleo, do qual todo movimento parte ao qual todo conduz.

O centro aparece como princípio e fim de todos os caminhos possíveis. Um antigo provérbio que diz: "Se quiser compreender o ponto, explora o círculo". A circunferência externa deve se conceber como a línea fronteiriça que circunscreve protegendo um âmbito sacralizado. Porém, ao mesmo tempo é também símbolo do infinito.

Um antigo aforismo gnóstico afirma que: "Deus é um círculo cujo centro se encontra em todas as partes e sua circunferência em nenhuma".

A mandala é representada de forma simples e quase sempre com estrutura, simetria e relações multidimensionais, é facilmente palpável aos olhos, pois assim mesmo a Iris é uma mandala, uma forma em aparência simples, mas cheia de complexas informações como mostra o diagnóstico por ela mesmo.

Por todas as partes vemos estructuras de mandalas. O engenho humano tem criado formas de mandalas para seu âmbito cotidiano, pensem na roda, no entorno ou na esfera do relógio.

A maior riqueza nas mandalas tem sua origem, na natureza. Em nenhum lugar nos impressiona tanto a beleza da mandala como no encanto das flores.

No corte transversal das frutas, ramas, troncos e raízes do mundo vegetal reconhecemos com claridade a estrutura da mandala, assim como na construção dos ninhos dos pássaros e na teia de aranha.

No microcosmo as encontramos nos seres vivos unicelulares ou em células de organismos vegetais e animais, assim como em algumas fascinantes estruturas cristalinas e moleculares. No âmbito microscópico ou não acessível á percepção óptica, porém registrável em modelos matemáticos certos, sabemos hoje da figura da mandala e inclusive nos menores elementos constitutivos da matéria, os átomos, estruturados como um sistema solar.

No macrocosmo, nossa terra, assim como o Sol com seus sete planetas que giram ao seu redor, representam uma mandala. O Sol, á sua vez, se une com muitos outros sistemas solares em uma mandala em forma de espiral: a Via Láctea. Muitas galáxias se mantêm vinculadas por um poderoso campo energético parece, segundo o conhecimento atual, vibrarem juntas numa mandala cósmica infinitamente grande. Todo o Universo, com seus espaços intergalácticos estão partindo de seus brilhantes sois sulcando e pulsado por campos de energia eletromagnética que se expandem flutuando em forma de mandalas e enlaçam invisivelmente todos os campos celestiais, fazendo-os, inclusive se comunicar misteriosamente um com outros.

Esta grandeza do Universo, que ultrapassa infinitamente nossa capacidade de compreensão, dos processos energéticos que nele se desenvolvem, fazendo supor que por trás de todas as imagens fenomênicas externas, se encontram relações mais profundas espirituais.

Não poderemos compreender a vida humana em sua totalidade se não dirigirmos nossa consciência aos âmbitos transcendentais da existência.

Desde as origens, a percepção intuitiva humana "sabe" das misteriosas analogias entre macrocosmos e microcosmos, entre matéria e energia, entre processos corporais e anímico-espirituais.

A sutil força vital da matéria se encontra em conexão dinâmica com os planos astrais, mentais e espirituais, como se denominam na tradição esotérica. Uma lei da filosofia hermética diz: "Como é encima assim é embaixo".

A mandala também se refere, com sua manifestação holística, á dimensões além das formas fenomênicas externas. Nela se condensam experiências e instituições humanas do ser; se expressa algo inefável numa imagem perceptível pelos sentidos. Também podemos concebê-la como sendo um modelo, projetado dentro da dimensão espacial ou plana dos princípios de atuação e ordenamento do cosmos, do qual o ser humano forma parte.

Igualmente que além do mundo espaço-temporal em que vivemos os seres humanos na Terra podem deslocar-se a universos inimagináveis de outras dimensões, assim também os níveis de manifestação e significado da mandala se encontram entrelaçados dimensionalmente e, com frequência, com misteriosos paradoxos.

Da mesma forma como a mandala é, por outro lado, uma imagem do homem em sua limitação dentro do tempo e espaço, outras fazem referencia, muito além do âmbito humano, ao cosmos e ao espiritual vinculando esses planos entre si; ao mesmo tempo, pessoal e interpessoal. Interpenetrando-se assim microcosmos e macrocosmos, espírito e matéria, finito e infinito.

Isto resultará ainda mais claro se examinarmos algumas formas básicas de mandala.

Os Desenhos

O círculo sem centro significa o Não – O Ser sem nome.

O ponto central simboliza o Ser, o Intemporal no seu estado perfeito. A Antiga Sabedoria se refere a um ponto brilhante no céu sem lua. Assim, o ponto branco e brilhante do centro pode ser concebido como o luminoso núcleo da consciência, espiritual e divino, envolto pelo círculo sagrado e a negra escuridão, saturado de força indiferenciada.

O núcleo de consciência no centro transforma-se na luz divina originaria. O fogo divino verte-se na escuridão primigênia e a roda mandala da criação se põem em movimento.

A línea horizontal simboliza a Substancia Maternal primigênia no Infinito total do círculo.

A línea vertical significa a Energía Divina que todo o penetra.

O Espírito que todo compenetra e a Substancia maternal primigênia fazem que surja a cruz cósmica ou universal.

A Suástica é uma variante da cruz e se remonta a um movimento continuo – tudo flui. Em quanto continue a criação em nenhum outro lugar haverá quietude, todo é energia.

A polaridade do todo o que é e o equilíbrio dos polos o vemos representado nas mandalas chinesas Yin-Yang. Yin, o principio feminino, inclui algo do Yang, e Yang, o masculino, inclui algo do Yin. Yang e Yin, o luminoso e o obscuro, se unem um no outro formando a totalidade redonda.

Com o início da humanidade e da consciência humana, o homem tentou compreender-se e interpretar a si mesmo seu mundo, e a sua vez dominar magicamente as forças da natureza.

No despertar mágico cerimonial do paleolítico apareceu a mais antiga representação da mandala como circulo solar. O ponto central se expande de forma cardinal e se converte na cruz que faz alusão a os quatro pontos norte, leste, sul, oeste o a os centros elementos fogo, água, ar e terra. A cruz de lados iguais está rodeada por um círculo. Com isso temos a manifestação mais simples da imagem externa de uma mandala e, trás este símbolo encontra-se uma revelação espiritual omniabarcante, una experiência religiosa complexa: No centro, o Ser, e a Divindade indivisíveis. O Uno indivisível que descansa em Si Mesmo faz dual, aparecendo no tempo e espaço, expandindo-se nos quatro ângulos da existência. O Espírito e a Matéria se interpenetram formando a cruz primigênia. Por meio da união do Céu e da Terra a través do efeito de suas forças surgem todas as coisas do mundo exterior.

A Divindade indivisível reconhece em Si a Polaridade: Deus e Deusa se abraçam se interpenetram intimamente, e a Dança da Criação começa. Por médio do Poder Criador do ponto central transformado em polar, a Energia Original flui em movimentos circulares, em ondas de luz e sonido que geram todos os níveis da existência. A Energia Divina, grande e una, aparece em variadas vestes, voando de forma em forma, vivenciando o nascimento, ao norte e a reencarnação, desde o mineral até o ser estelar mais elevado, adquirem a consciência perfeita na experiência do tempo e do espaço e regressa finalmente a sua Origem.

O ato da criação começa com a divisão em dois, a queda em os contrários e então o processo da multiplicação faz sua aparição. Junto com a divisão em dois se inicia o esforço por alcançar de novo a Totalidade: Deus e Deusa fusionando-se por último na Unidade Original. Por tanto, a Divindade Mesma está estendida sobre a Roda da Vida e pende da cruz cósmica primigênia.

Os índios do Norte dos Estados Unidos transmitiram simbolicamente a cruz no círculo em sua "roda da medicina", vinculada à teoria dos "primeiros Quatro": nela o Espírito centro da Sabedoria se encontra assinalado ao Norte na mandala "roda da medicina". À Matéria centro da Confiança lhe é designado o Sul. La Vida está estabelecida no Leste e a Morte está no Oeste, no lugar dos sonhos. Espírito e Matéria formam a vertical, Vida e Morte, a horizontal. Porém tudo é uno, Vida e Morte, Espírito e Matéria. A Substancia Primigênia é a Mãe de todas as coisas, o Espírito Uno, Pai de todo Ser.

A mandala religiosa-ceremonial é um diagrama geométrico e concêntrico, muito diferenciado. A primeira vista com abundancia de elementos figurativos. Na realização de tal imagem se empregaram símbolos, formas e cores exatamente prescritos, correspondentes à representação religiosa do círculo cultural respectivo, que transmitem ao contemplador verdades e experiências espirituais. Por tanto, o artista deve se ater escrupulosamente a este Canon formal, que só assim garantirá efetividade e poder espiritual. No se pode introduzir nenhuma ideia própria, mesmo quando possa ser reconhecível sua inacabada artística individual.

Estas mandalas cerimônias tradicionais tem se desenvolvido desde a supraconsciência espiritual e o inconsciente coletivo de um espaço cultural. Isto pode se observar especialmente bem na mandala tibetana que é de alta diferenciação. Representa uma projeção de processos espirituais reduzida a um esquema simétrico essencial: ao redor do sutil centro espiritual se agrupam ideias filosóficas, experiências anímicas e visões religiosas, forças mágicas em forma de símbolos e motivos figurativos típicos como deuses, demônios e Budas estilizados. Também símbolos abstratos como o triangulo, o quadrado, o pentagrama, o hexagrama... Tem um papel significativo. O externo e concluinte círculo de fogo, defensor das forças negativas destruidoras, transformador de forças, rodeia protetor o espaço interno do desenvolvimento, em contemplação espiritual.

O meditador, que contempla a mandala e concentra seu espírito, se torna consciente na projeção sobre a imagem de suas próprias forças cognitivas anímico espirituais. Contempla as relações de sua complexa existência multidimensional, a simultaneidade do devenir e o perecer e a Unidade de todo Ser.

Compreende ao ilimitado Ser Único e Onipresente além das formas. Reconhece o reflexo da realidade no espelho da ilusão, pois as figuras conformadas por meio do Fogo Espiritual – como dizem os demônios- são apenas cores e formas vazias; por trás se encontra o Verdadeiro.

No Bardo Total, o livro dos mortos tibetanos, adverte-se uma e outra vez sobre o perigo para a consciência das deidades, tanto boas como terríveis, pois são somente aparições. Enganosas e luz turva que não se deve confundir com a verdade e a pura branca luz da Consciência Suprema.

O meditador se faz consciente em profunda meditação de todas as forças de sua Natureza de Buda e experimenta a iluminação.

A corrente das imagens subjetivas no véu de Maya e o incansável fluxo dos pensamentos são levados à inquietude. Tem despertado, e se experimenta para si mesmo como o centro no meio no condicionamento do espaço e tempo.

Também, no âmbito cultural cristão-ocidental encontramos a mandala como expressão de experiências espirituais ou representações do mundo, como a imagem da Totalidade, por exemplo, na pintura religiosa e a arquitetura eclesiástica.

As mandalas mais impressionantes irradiam nos setores das catedrais góticas. O centro está dedicado a os mais elevados princípios espirituais personificados da religião cristã: Deus Pais, Espírito Santo, Cristo e Maria-Sofia. Nos quatro pontos cardinais da cruz cósmica aparecem, com frequência, os quatro evangelistas ou seus símbolos. A impressão profundamente mística que produzem no observador os maravilhosos vitrais góticos.

Nos da sinais, também, de fatores da existência além de formas fenomênicas externas, além do mundo visível habitual.

Em representações artísticas gnósticas e alquimistas encontramos igualmente mandalas nas quais simbolizam relações espirituais.

Como último destes poucos exemplos, mencionamos a ideia de uma mandala arquétipo humana na filosofia de Platon, como o de um ser humano esférico completamente redondo, que onde o símbolo masculino e feminino, simbolizam uma imagem arquetípica andrógina.

Na mandala está condensada a intuição que tem o ser humano de uma estrutura ordenada do Universo dentro da abundancia de processos e configurações dentro dele, assim como a esperança em um sentido último de todo um devenir e parecer.

Condensando se a intuição da mutua correspondência e condicionamento do mundo material e espiritual, e se reconhece a si mesmo como parte desse mundo unido.

Se expressa, também o desejo do ser humano de superar, na corrente do desenvolvimento humano, as limitações presentes e as amarras no seu pequeno mundo material e conceitual de se aproximar à fonte do poder divino e se tornar uno com ela.

A mandala se apresenta ao ser humano, seja configurada por ele mesmo exaltada na sua contemplação, como uma formula arquetípica cósmica, como imagem de Deus muito além das projeções pessoais, como uma essência abstrata.

Na crescente desorientação individual coletiva dos tempos presentes, onde para alguns seres humanos as imagens de Deus tradicionais de seu âmbito cultural perderam seu afeto e seu poder curativo, a mandala poderia ser de grande ajuda na orientação.

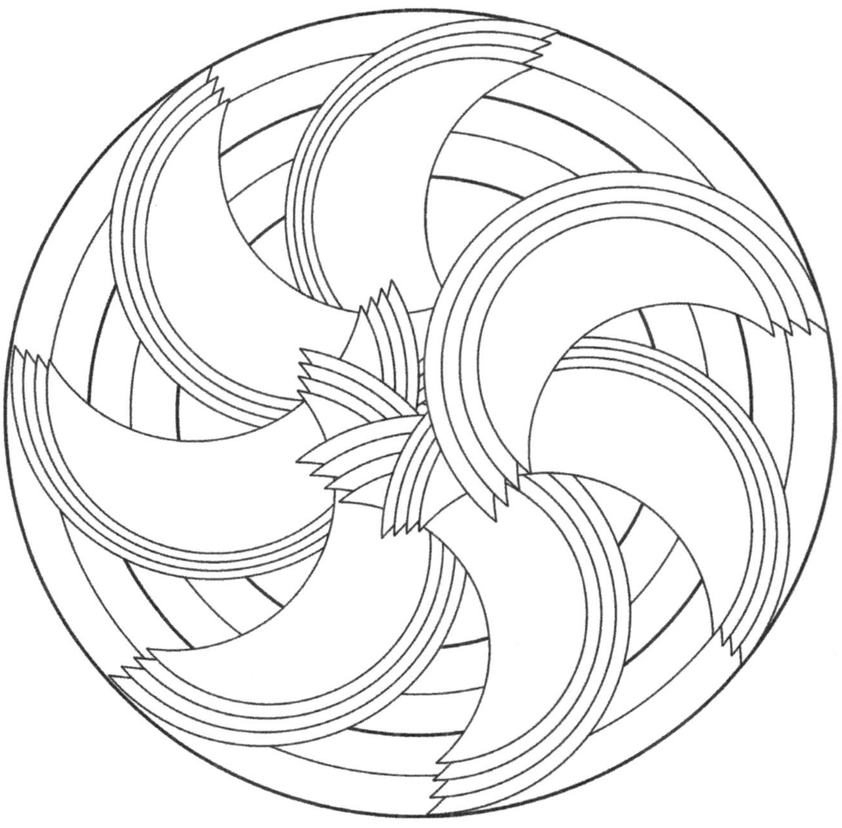

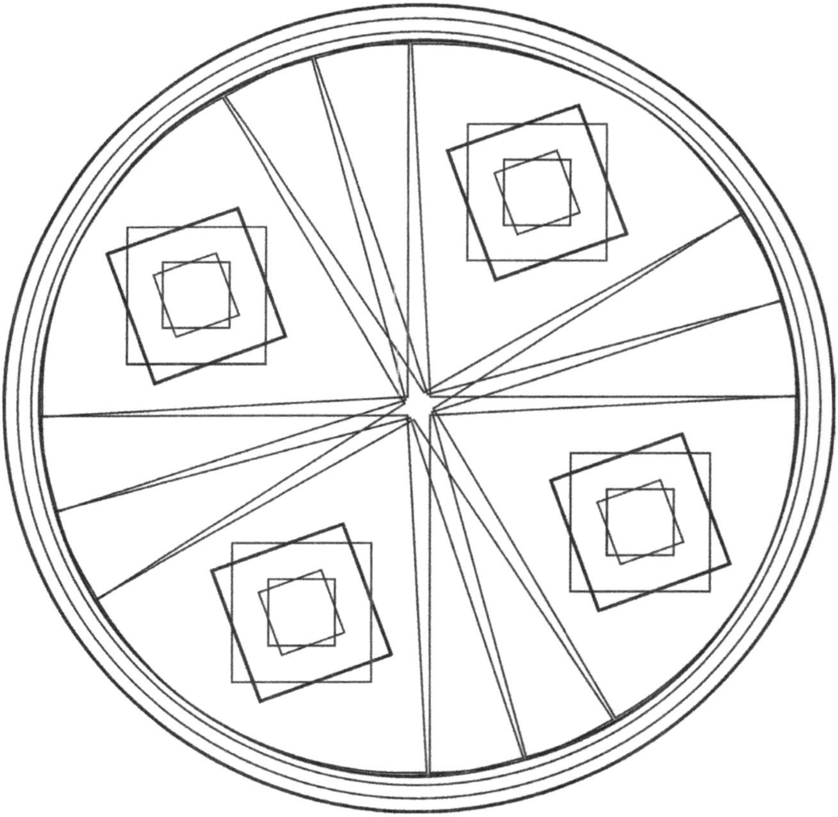

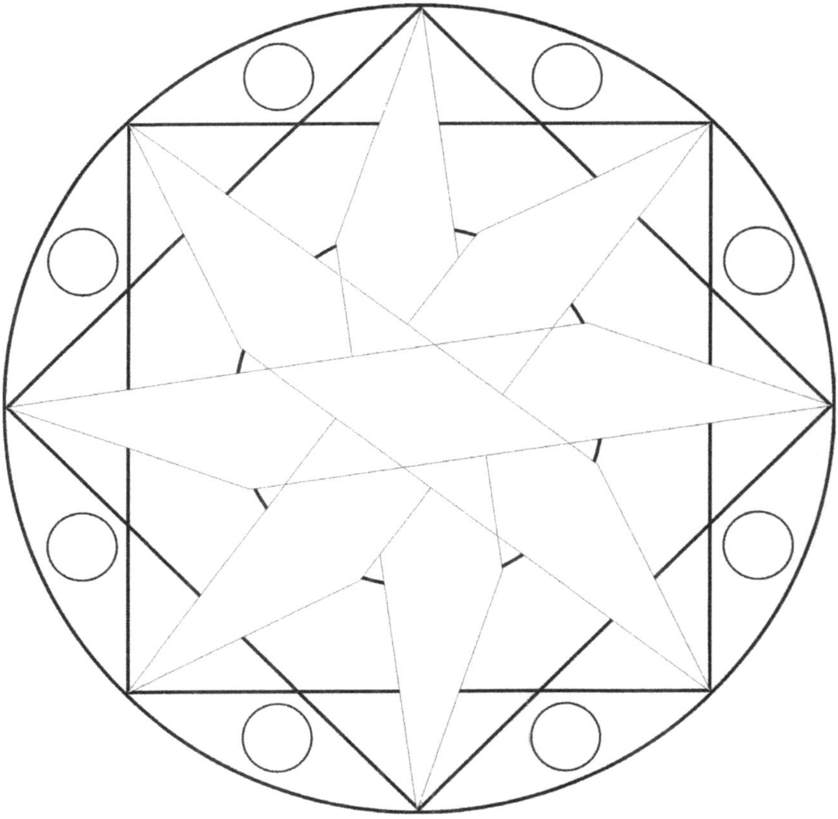

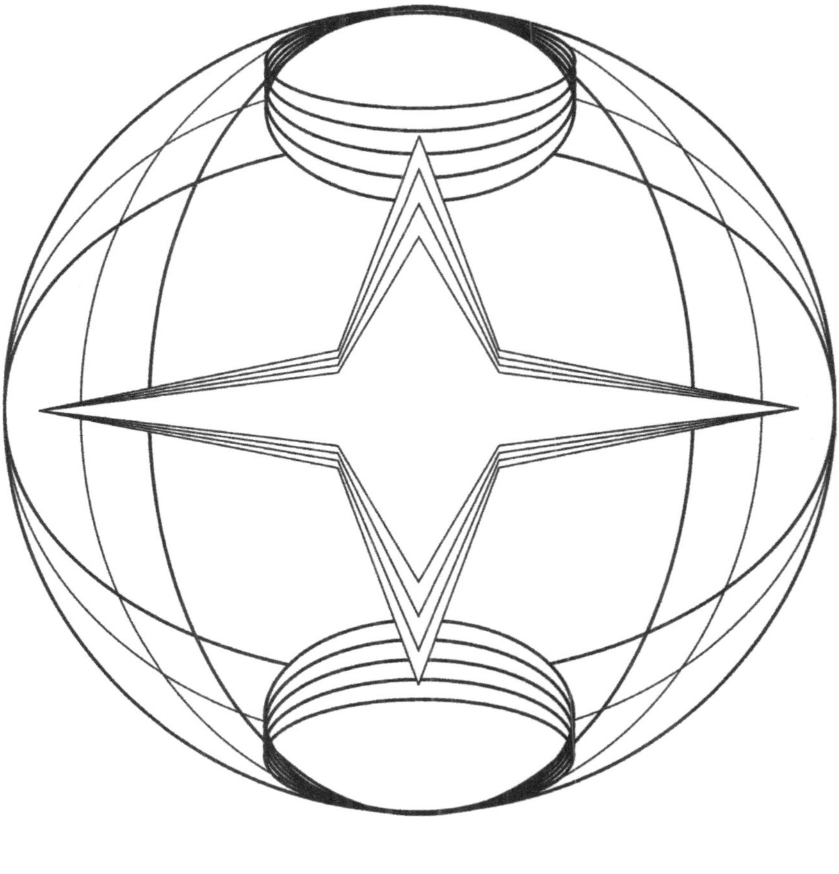

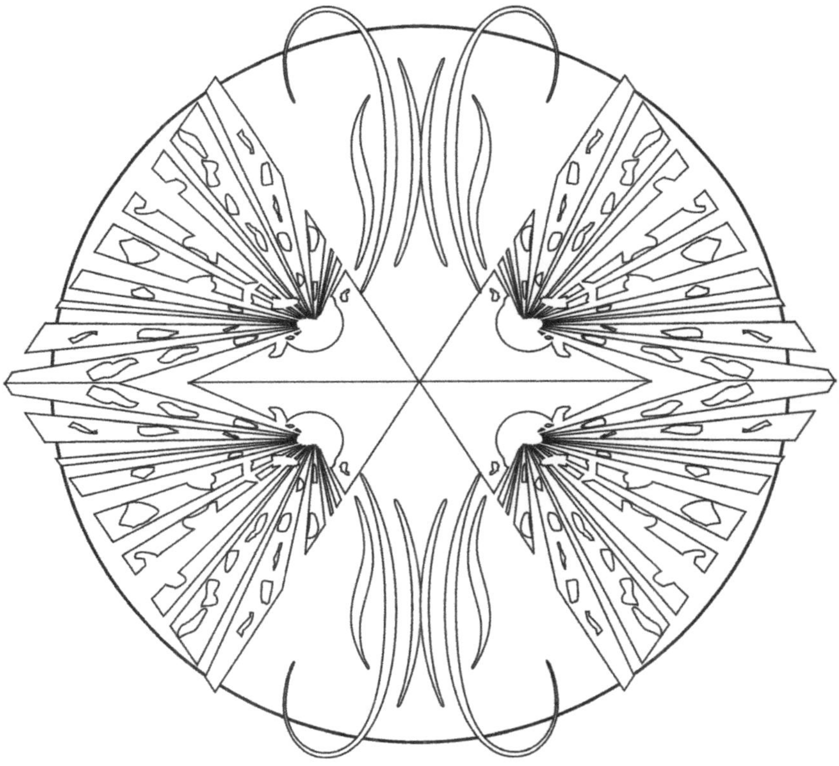

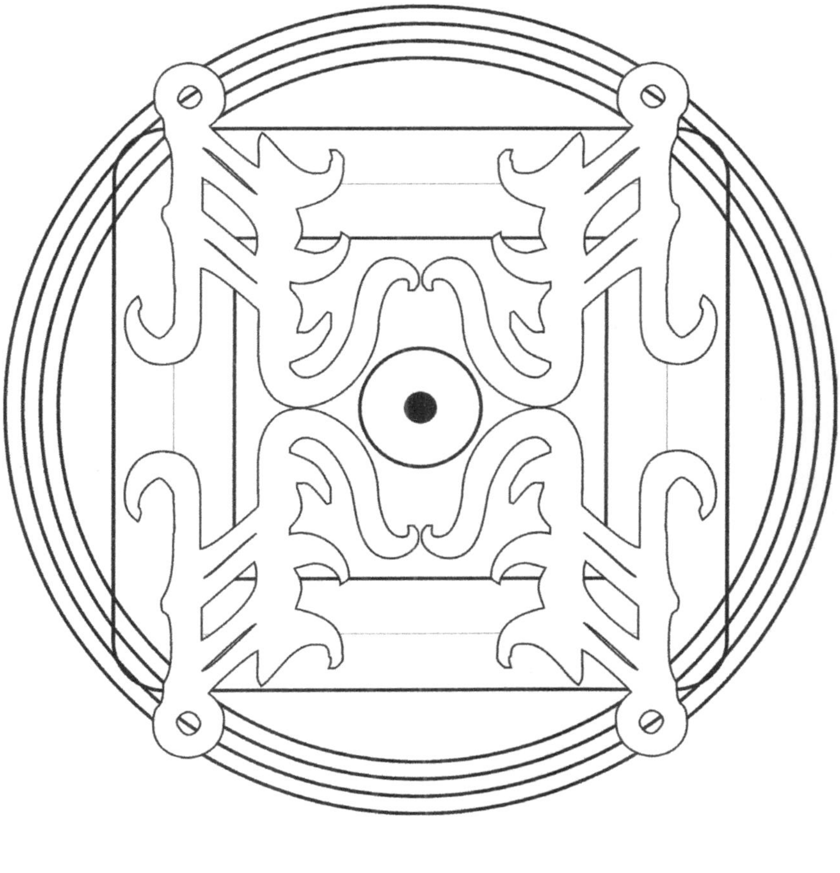

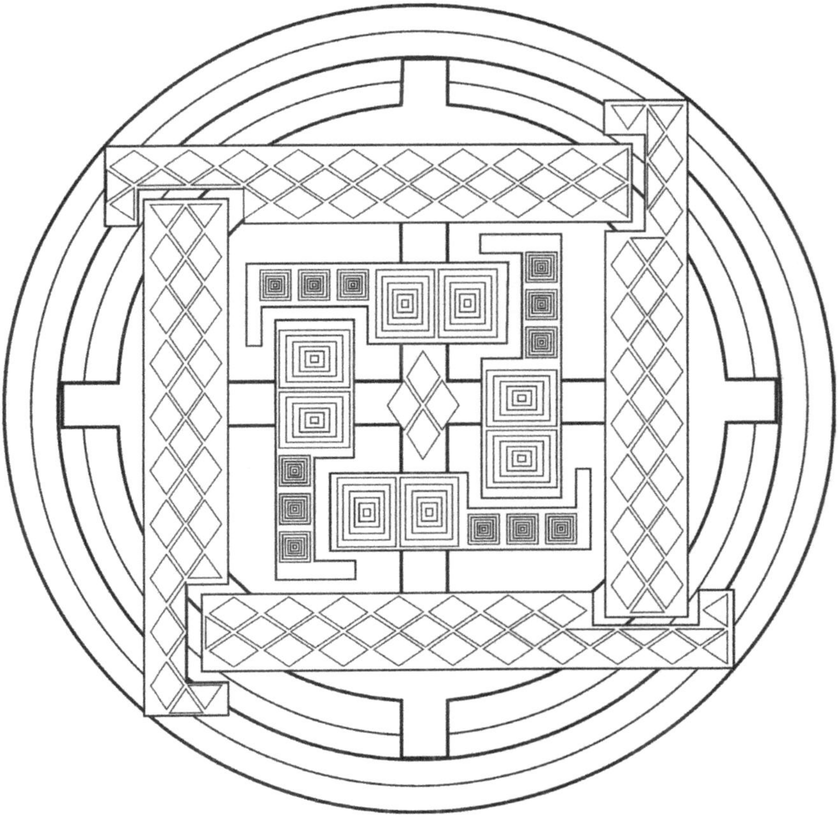

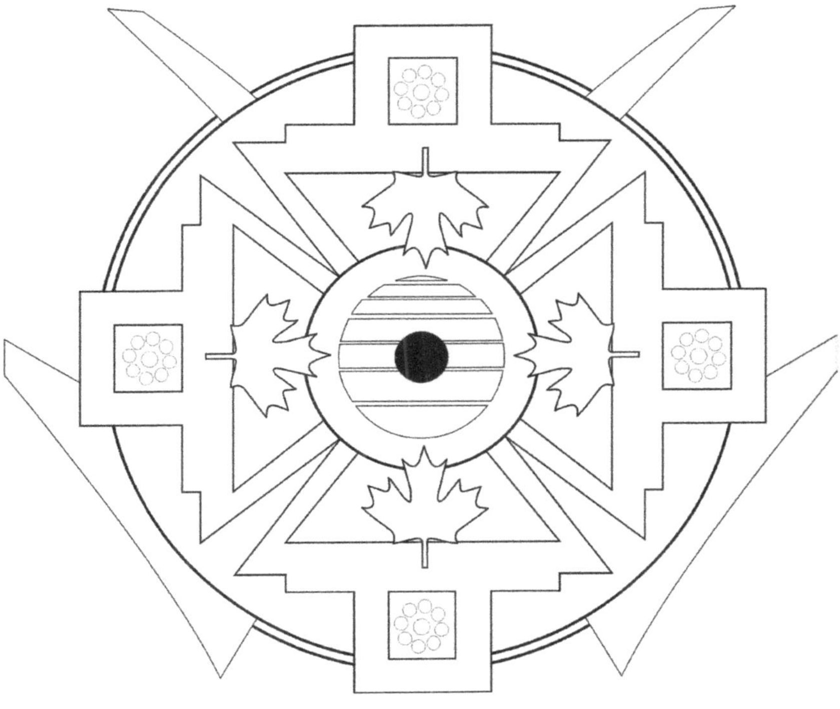